Vétérinaire
sauvons les singes !

De la même auteure, dans la même série :

Vétérinaire c'est super!

Vétérinaire au zoo

Vétérinaire chez les tigres

Vétérinaire lion en danger

Vétérinaire et les bébés animaux

Anne-Marie Desplat-Duc
Illustrations de Claire Delvaux

Vétérinaire
sauvons les singes !

RAGEOT

Cet ouvrage a été imprimé sur un papier
issu de forêts gérées durablement,
de sources contrôlées.

Couverture et intérieurs : Claire Delvaux.

ISBN 978-2-7002-7301-4
ISSN 1951-5758

La visite aux babouins

Georges a quitté le parc animalier hier. Comme Olympe et moi, il avait été engagé par Florence, la tante d'Olympe qui est vétérinaire, pour effectuer un stage de soigneur animalier.

Au début, je ne m'entendais pas très bien avec Georges, mais notre amitié est née au fil des jours et des aventures que nous avons partagées.

Au moment de son départ, j'ai essayé de rester optimiste et j'ai lancé :

– Tu ne pars pas à l'autre bout du monde, hein ? Alors t'inquiète, on se reverra.

– Tu es sympa, Tanguy, m'a-t-il dit en reniflant.

– Il y aura d'autres stages, a ajouté Florence, et tu seras toujours le bienvenu.

– Entre-temps, on se connectera sur le Net. On te montrera nos exploits au parc. Toi, tu nous feras découvrir ta nouvelle vie, a ajouté Olympe.

Et afin de chasser l'émotion qui me gagnait, j'ai plaisanté :

– On va te regretter… tu es celui de nous trois qui maniait la fourche avec le plus d'habileté !

À présent, je me retrouve seul avec Olympe, mais ce n'est pas pour me déplaire. Notre stage de soigneur n'en est qu'à son début et nous avons encore une foule de choses à découvrir.

– Je vais apporter un carnet pour prendre des notes, m'annonce Olympe. Ainsi, nous pourrons répondre avec plus de précision quand des visiteurs nous poseront des questions.

– Bien vu !

Nous venons d'enfiler le tee-shirt offert par le directeur le jour de notre arrivée lorsque Florence nous prévient :

– Cette semaine, vous serez avec Simon et l'équipe des soigneurs des primates.

– J'adore les singes, ils sont souvent si drôles ! s'enthousiasme Olympe.

– Et ils nous ressemblent tant ! j'ajoute.

– À toi peut-être, Tanguy, se moque Olympe.

– Et à toi aussi, Olympe, la rabroue gentiment sa tante. Tu as mis autant de temps à te préparer que les primates en passent pour s'épouiller !

J'éclate de rire et je lance :

– Un point partout !

Olympe fait la tête durant tout le trajet en voiture jusqu'au parc.

– Je vous dépose devant le bâtiment des primates. Je suis en retard, et on m'attend à l'enclos des tigres. Je dois superviser le départ d'un jeune mâle pour un autre zoo.

– Oh, zut, j'aurais aimé voir ça ! dit Olympe qui quitte enfin son air bougon.

– Tu ne peux pas être partout. On se retrouvera à l'heure du déjeuner. Je te raconterai. Dépêchez-vous, avant que Simon ne laisse sortir les babouins…

Effectivement, lorsque nous pénétrons dans le bâtiment, le soigneur est en train d'inspecter le groupe qui se balance de corde en corde. Il leur parle comme s'ils étaient ses enfants :

– Alors, bien dormi ? Vous avez hâte d'être dehors, hein ? Vous avez raison, il fait un temps superbe ! Je vous ai préparé un petit déj' dont vous me direz des nouvelles.

– Bonjour, Simon ! claironnons-nous.

– Salut ! Vous arrivez à point. J'ai caché des fruits un peu partout dans leur enclos, ça les occupera un moment... Quoique, Mirza, une femelle, a le postérieur rouge, ce qui signifie qu'elle est en chaleur. Il risque d'y avoir de la bagarre ! Nous avons deux mâles dominants, Gus et Titus, ils ont chacun un harem de cinq femelles.

– Eh ben, ils n'ont pas à se plaindre ! je plaisante.

– Non. Mais chez les babouins ce sont les femelles qui décident, et j'ai l'impression que Mirza qui était avec Gus a envie de changer de partenaire. Je l'ai vu plusieurs fois se laisser épouiller par Titus… c'est un signe qui ne trompe pas.

– Oh, regarde ! s'émerveille Olympe, une maman avec son bébé dans les bras.

– C'est Zoé. Son petit a juste une semaine. Il reste accroché à sa mamelle ou à sa fourrure. Elle ne le lâche jamais. Et voilà Titus, le père, qui s'approche. Vous allez voir, il va lui montrer qu'il est un mâle parfait.

En effet, Titus s'approche et enlace carrément la mère et son petit comme pour leur dire « Vous pouvez compter sur moi, je sais vous protéger. » Puis, il fait le tour de son groupe qui comprend les cinq femelles mais aussi leurs petits qui jouent, sautent, se poursuivent.

Quelques instants plus tard, tout le monde se calme et s'assoit pour s'épouiller consciencieusement.

– L'épouillage est un acte très important. Il permet de resserrer les liens d'amitié, de sceller de nouvelles alliances, de dire à l'autre qu'il nous plaît bien.

– C'est dégoûtant ! grogne Olympe en faisant la moue.

– Pas plus qu'un baiser avec la langue ! ironise Simon.

– C'est pas faux, réagis-je.

– Les petites femelles vont rester dans le groupe alors que les jeunes mâles s'en éloigneront pour former un nouveau clan. Et là, les bagarres peuvent être terribles parce que les mâles dominants ne veulent pas céder leurs femelles…

Le soigneur est obligé de hausser la voix, car une partie des babouins s'est mise à crier pour chasser Mirza qui tente de les approcher.

– Les femelles du groupe de Titus refusent la venue d'une nouvelle.

– Oh, là, là, comment les reconnaissez-vous ?

– Il y a plus de dix ans que je vis avec eux, alors même si tu as l'impression qu'ils se ressemblent tous, moi je les reconnais parfaitement. Aïe ! Voilà que Gus s'approche. Lui n'a pas envie de perdre une femelle !

– Ils vont se battre ?

– Je le crains. Il est trop tard pour essayer de les séparer, je pourrais recevoir un coup de leurs puissants crocs… et je vous assure qu'une morsure de singe, c'est très douloureux. Je dois appeler du renfort.

La bagarre

Simon saisit le talkie-walkie fixé à sa ceinture, tandis que les deux babouins se lancent dans une course-poursuite sous les cris des femelles qui sautent de cordes en branches derrière les mâles. Chacune doit encourager son champion, à moins que leurs cris ne soient que des appels à plus de violence. Je ne connais pas le langage des babouins et je n'ose pas demander une traduction à Simon qui, anxieux, observe le duel tout en parlant dans son appareil. Les deux babouins roulent à terre quasiment enlacés. Les cris redoublent.

– Qu'est-ce qu'ils se mettent ! dis-je.

Olympe a détourné la tête, impressionnée par le combat. J'avoue que cela m'inquiète aussi. Pourvu qu'ils ne s'entre-tuent pas.

Tout à coup, Titus se relève. Il a une légère blessure au flanc droit. Mais il est assez fier de lui et se dirige immédiatement vers Mirza dont il vient de gagner les faveurs. Gus a la patte arrière gauche sérieusement amochée. Elle saigne et il ne peut plus la poser à terre. Il a une tête de vaincu.

Deux soigneurs viennent d'arriver, Florence sur leurs talons.

– Il faut le sortir immédiatement de là, ordonne-t-elle. Il a peut-être une fracture et il risque de perdre beaucoup de sang.

Le groupe de Titus, si hargneux et criard, s'est calmé.

Gus s'est retiré dans un coin. Il me semble que les femelles de son groupe le regardent avec un certain mépris, comme si elles lui disaient « On te croyait fort et invincible, tu nous as déçues. » Enfin, ça, c'est moi qui le traduis… mais j'aime bien imaginer les sentiments des animaux.

– Il faut faire vite ! lance Florence, sinon il peut perdre son statut de dominant dans son groupe.

– Oui, Kouri qui a trois ans n'attend qu'une faiblesse de l'un des deux mâles pour s'imposer, explique Simon. Tant qu'ils étaient valides, il n'a pas bronché… maintenant, l'occasion est trop belle.

Les trois soigneurs, les mains protégées par des gants épais, entrent dans l'enclos et s'emparent de Gus qui grogne et montre les crocs. Simon qui le connaît bien lui parle doucement pour le rassurer et Gus finit par se calmer. À mon avis, il comprend qu'on va le remettre sur pied.

– On peut venir ? demande Olympe.

Florence hésite et finit par accepter en précisant :

– Si tu tombes dans les pommes pendant l'opération, je ne pourrai pas m'occuper de toi.

– T'inquiète, j'en ai vu d'autres !

Je lui jette un coup d'œil interrogateur. Moi, en tout cas, c'est la première fois que j'assisterai à l'opération d'un animal et je ne suis pas certain de le supporter.

Olympe marche d'un pas assuré derrière les soigneurs jusqu'à l'infirmerie. Je les suis.

– On va lui faire une anesthésie légère et je l'opérerai vite afin qu'il ne reste pas trop longtemps éloigné du groupe.

Un soigneur lui met le nez dans un masque et, dès que Gus s'endort, Florence lui place une perfusion à la patte avant. Elle examine la patte blessée puis s'exclame, soulagée :

– Elle n'est pas cassée. Il y a seulement une belle déchirure musculaire. Je recouds tout ça, et Titus pourra gambader à nouveau.

Personnellement, je ne regarde pas l'aiguille percer les chairs, mais Olympe n'en perd pas une miette. C'est donc vrai que la vue du sang ne l'effraie pas. Il faudra que je sois plus courageux si je veux devenir vétérinaire… à moins que je ne choisisse de devenir soigneur. En ce cas, je ne m'occuperais pas des opérations, mais seulement du bien-être des animaux… et c'est ce que j'aime.

Florence entoure la patte arrière de Gus de plusieurs tours d'un sparadrap épais. Elle a juste le temps d'ôter les appareils qui ont servi à l'opération que Gus grogne.

– Attention, il se réveille ! annonce-t-elle.

Effectivement, le babouin se réveille d'un coup, il saute même de la table. Il est rattrapé in extremis par Simon qui le pousse dans une grande cage en plastique.

– Eh bien, quelle énergie ! dis-je.

– Oui, c'est le contrecoup de l'anesthésie. À présent, portons-le vite dans son enclos.

– Espérons qu'il ne sera pas rejeté par son clan, s'inquiète Olympe.

Je vois à la tête de Florence et des soigneurs qu'ils partagent cette crainte.

Dès que Simon ouvre la cage de Gus, celui-ci, comme pour montrer qu'il n'a rien perdu de sa force, saisit une corde et s'élance vers un tronc où il s'assoit, puis il parcourt d'un regard circulaire l'ensemble des femelles. Nous attendons avec anxiété la réaction du groupe. Est-ce que Titus ou même Kouri vont lui sauter dessus ? Est-ce que les femelles vont lui tourner le dos ? Lui ne semble pas soucieux. Il bombe le torse, histoire de prouver qu'il est toujours le mâle dominant. Petit à petit, les femelles s'approchent, le touchent et commencent à l'épouiller.

– C'est gagné ! lance Florence.

Nous soupirons de soulagement.

Le bébé cercopithèque

– Avec tout ça, je suis en retard pour le biberon de Mimi, se plaint Simon.

– Qui est Mimi ? s'informe Olympe.

– Un bébé cercopithèque diane. C'est une espèce vulnérable qui vit dans les forêts tropicales de Guinée, de Côte d'Ivoire, mais à cause de la déforestation et du braconnage il y en a de moins en moins.

Je regarde Olympe qui hausse les épaules pour m'indiquer son ignorance. Je n'ai, moi non plus, jamais entendu ce nom. Je suppose toutefois qu'il s'agit d'un singe puisque Simon est le soigneur en chef des primates. Olympe sort le carnet de sa poche afin de noter les informations données par Simon.

– Mimi a été abandonnée à la naissance par sa mère. Cela arrive parfois. Nous espérons pouvoir la sauver en la nourrissant au biberon. Mais elle est si faible… et puis c'est un sacré boulot ! Elle tète toutes les trois heures.

– Comme un bébé humain, remarque Olympe.

– Exactement. Toute l'équipe s'occupe de Mimi afin qu'elle ne s'attache à aucun de nous en particulier. Ce serait trop dur pour elle par la suite… et pour sa mère de substitution aussi. Elle est si adorable ! Vous allez voir.

Nous suivons Simon à l'intérieur du bâtiment. Dans une pièce, trône un panier d'osier tapissé de couvertures et encombré de peluches. Au milieu, on aperçoit juste un museau noir et quelques poils blancs.

– Elle dort encore ! dit Simon. J'ai le temps de lui préparer son biberon.

Il mesure du lait en poudre, ajoute de l'eau dans le biberon, le secoue, le fait chauffer, teste la température, puis annonce d'une voix douce :

– Allez, Mimi, il est l'heure !

Réveillée en douceur, Mimi ouvre les yeux, aperçoit le biberon, émet des petits cris et se dresse sur son lit les pattes en avant pour réclamer son repas.

– Tu as faim, c'est bon signe !

Il saisit le petit singe en l'enveloppant dans une étoffe pelucheuse et propose à Olympe :

– Tu veux lui donner son biberon ?

– Oh, oui !

– Ce n'est pas compliqué. Tu fais comme s'il s'agissait d'un bébé humain et tu la laisses bien emmitouflée dans son doudou.

– Son doudou ?

– Oui. Elle ne quitte jamais cette étoffe depuis sa naissance. On ne l'a jamais lavée.

Son odeur la rassure comme si c'était l'odeur de sa mère.

– Ma sœur Caroline allait à la maternelle avec un vieux morceau de chiffon et elle continue à dormir avec, dis-je.

Mimi ne fait aucune difficulté à rester dans les bras d'Olympe. Elle saisit goulûment la tétine et boit le lait tiède avec le même bruit de succion qu'un bébé humain. Ses grands yeux noirs fixent Olympe et sa petite main s'est refermée sur l'un des doigts de mon amie qui, attendrie, lui sourit.

– Oh, elle est trop chou ! Pourvu qu'elle s'en sorte !

– On l'espère tous. Maintenant, tu vas la tenir contre toi, lui tapoter doucement le dos pour qu'elle fasse son rot.

– Non ?

– Si. Les primates sont nos plus proches cousins.

Olympe joue son rôle de mère à la perfection.

– À présent, on va changer sa couche.

Nos yeux s'arrondissent de stupéfaction. Comme Mimi était enveloppée dans son doudou, nous n'avions pas remarqué qu'elle avait une couche.

– C'est une bonne façon de nous assurer que son système digestif fonctionne bien. Autrement dit, nous surveillons ses crottes et si elle fait pipi. Nous utilisons des couches pour prématurés, parce que Mimi est vraiment très très petite. Une femelle cercopithèque diane adulte mesure entre 40 et 48 cm et pèse entre 2,2 et 3,5 kilos. Mimi en est encore loin !

Olympe hésite un peu, mais réussit à changer la couche de Mimi qui tire sur les longs cheveux de mon amie.

– Aïe ! Coquine ! Tu me fais mal ! râle cette dernière en riant et en tapotant sur les doigts de Mimi pour qu'elle lâche prise.

– Maintenant, on va la déposer dans son panier. Elle est repue et elle va s'endormir. On est tranquilles pour une heure ou deux. Ensuite, elle va chouiner. Elle n'aime pas la solitude et il faudra que l'un de nous vienne jouer avec elle. Ce n'est pas désagréable, mais ça nous prend un temps fou ! Et elle n'est pas la seule à avoir besoin de nous.

– Si vous voulez, on pourra s'occuper d'elle ? propose Olympe, j'aimerais tellement qu'elle s'en sorte !

– On fait le maximum, mais ce sera sans doute difficile. Pendant qu'elle dort, je vais vous montrer nos autres primates. Ils sont tous très différents et très attachants aussi.

Nous quittons le bâtiment et nous nous dirigeons vers l'enclos voisin.

Saïmiris, tamarins... et les autres

Dès que nous arrivons, des cris retentissent :

– Pas moyen de passer inaperçus avec les saïmiris, déclare Simon. On a été repérés et les guetteurs signalent notre présence.

Dans l'enclos, une bonne vingtaine de petits singes beiges tirant parfois sur le vert s'agitent. Ils ont une longue queue terminée par du poil noir. Au milieu de leurs petites têtes rondes, une partie blanche fait ressortir leurs yeux et leurs museaux.

Sérieuse et appliquée, Olympe prend des notes dans son carnet.

– Les saïmiris sont très bavards. Ils communiquent entre eux par des sons spécifiques. À force de les côtoyer, on arrive à comprendre leur langage.

– J'aimerais bien savoir parler singe, dis-je en plaisantant.

– Parler singe, c'est pratiquement impossible. Les saïmiris émettent 17 cris différents qui expriment entre autres un besoin de câlins, la soumission, la protestation, la menace, l'alarme, le plaisir… J'ai essayé de les reproduire… aucun saïmiri ne m'a compris. Mais il est vrai que je n'ai jamais été doué dans l'apprentissage des langues !

Nous restons un moment à observer les saïmiris avant que Simon poursuive :

– Dans l'enclos voisin, ce sont des tamarins lions dorés. Ils ont une crinière autour de la tête comme les lions… et aussi leur couleur.

– Ils sont tout petits ! je m'étonne.

– Oui. Les adultes pèsent entre 400 et 700 grammes et ne mesurent guère plus de 26 cm. Ils se nourrissent de fruits et d'insectes et vivent dans l'est du Brésil.

– Combien en avez-vous ?

– Dix. Mais il y a trois semaines, deux paires de jumeaux sont nées.

– Oh, je les aperçois accrochés sur le dos de leurs mères respectives !

– Non, ils sont avec leur père. La mère s'en occupe durant les quinze premiers jours, ensuite elle confie leur éducation au père.

– Et ceux-là sont différents ! remarque Olympe.

Elle désigne de minuscules singes au pelage blanc-argenté, le visage et les oreilles dépourvus de poil virant au beige clair, qui sautent de branche en branche en piaillant.

– Ce sont des ouistitis argentés. Ils ne mesurent pas plus de 20 cm sans la queue et pèsent 300 grammes environ. Eux aussi vivent dans les forêts du Brésil, mais il n'y en aura bientôt plus en liberté à cause de la déforestation.

– Ils sont trop mignons !

– Nous en avons un groupe de six. Comme tous les primates, ils n'aiment pas la solitude. Un mâle vient d'arriver d'un parc allemand, regardez, c'est celui qui se pavane sur le tronc.

– Ah oui, il a l'air de dire « Je suis le plus beau ! »

– Nous espérons avoir des naissances dans quelques mois ! Mais assez bavardé, si vous voulez avoir le temps de déjeuner, il faut vous rendre à la cantine, il est déjà midi !

La dernière bouchée avalée, nous partons remplir la mission que le directeur nous a confié lors de notre arrivée : répondre aux questions des visiteurs, leur rappeler qu'il est interdit de nourrir les animaux, de leur lancer des pierres ou des branchages, empêcher les enfants d'escalader les grilles et diriger ceux qui sont perdus dans l'immensité du parc.

Nous déambulons pendant une heure en nous amusant à compter combien de fois on nous demande les toilettes, pour essayer de battre le record de la veille qui est de 12. Il fait chaud.

– Lorsque nous passerons devant la buvette, on fera une pause pour boire un soda frais, sinon, je sens que je vais mourir de soif ! plaisante Olympe.

– Tu as raison. C'est juste à droite après l'enclos des primates. Mais comme il y a beaucoup de monde, on ne va pas échapper aux questions !

– Pas grave, j'adore expliquer ce que je sais.

– Ils s'appellent comment ces singes ? s'informe une fillette blonde.

– Ce sont des ouistitis argentés, répond Olympe. Regarde, c'est inscrit là, sur la pancarte.

– Et ils vivent où, normalement ?

– Dans les forêts du Brésil... mais comme les hommes détruisent les forêts pour avoir de la place pour les cultures, il n'y aura bientôt plus de ouistitis, parce qu'ils ne trouveront plus d'endroit pour s'abriter.

– Oh, c'est triste, fait la fillette qui s'éloigne en sautillant à côté de sa mère.

– Vous avez combien de ouistitis ? nous interroge un homme assez grand, un chapeau de paille enfoncé sur la tête.

– Six. Un mâle et cinq femelles.

– C'est tout ? s'étonne son copain.

– Oui. Les ouistitis argentés sont devenus rares. Peu de parcs en possèdent.

– Ils doivent être bien protégés alors ?

– Comme tous les animaux du parc. Plusieurs caméras de surveillance sont en activité jour et nuit, et il y a aussi un système d'alarme, explique Olympe.

– Ah, tant mieux ! s'exclame le plus jeune des deux.

Olympe me tire par le bras et me souffle :

– Filons à la buvette avant que je sois complètement desséchée.

Nous nous octroyons une agréable pause en sirotant notre soda à l'ombre d'un arbre. Puis nous repartons à travers les allées.

À la fin de la journée, Simon nous propose d'effectuer le tour du parc dans sa voiturette électrique afin de vérifier qu'il ne reste aucun visiteur. C'est un réel plaisir de sillonner le parc alors que la lumière décroît, que la température baisse et que la plupart des animaux s'apprêtent à dormir. On les entend qui grognent, qui rugissent, qui grattent, qui caquettent, qui couinent… un peu comme s'ils nous disaient « bonne nuit ». J'adore ce moment.

Nous scrutons les allées et les bosquets sans repérer de visiteur égaré. Nous saluons Simon et nous rejoignons Florence qui nous attend sur le parking. Nous montons dans sa voiture pour regagner sa maison.

– Alors, cette journée ? nous interroge-t-elle.

– Super ! On a fait la connaissance de plein d'espèces de singes et surtout de Mimi… un amour de bébé cercopithèque diane, dit Olympe. Simon essaie de la sauver. J'espère qu'il y parviendra…

– Nous espérons tous que Mimi pourra un jour rejoindre les siens. Demain, vous verrez d'autres espèces !

– Ah bon, il y en a beaucoup d'autres ?

– Beaucoup... et pourtant, nous ne possédons pas toutes les espèces de primates du globe ! Si on écoutait Simon, on agrandirait le parc uniquement pour qu'il puisse acquérir de nouveaux individus. Il voudrait avoir un couple de tous ceux existant sur terre pour les sauver de la disparition.

– Je le comprends.

– Alors il cherche partout dans le monde quel parc pourrait nous donner un mâle d'une espèce rare, puis il cherche où il pourrait trouver une femelle de la même espèce. Et lorsqu'il y a une naissance, il est plus heureux que s'il avait gagné au loto !

Comme les soirs précédents, fatigués par notre journée, nous mangeons, le nez dans notre assiette, sans échanger plus de dix mots. Stagiaire-soigneur dans un parc animalier, ce n'est pas de tout repos ! Mais lorsque je suis dans mon lit, je pense à Mimi. L'idée que cet adorable bébé singe puisse ne pas survivre m'empêche de m'endormir. Je me promets d'aller la voir toutes les trois heures avec Olympe pour apporter notre aide à l'équipe qui la soigne.

Le vol

C'est plein d'entrain que nous arrivons au parc le lendemain. La perspective de découvrir les pitreries de nouvelles espèces de primates y est pour beaucoup.

Dès que nous sortons de la voiture, Simon se précipite vers nous et nous annonce :

– On a été visités dans la nuit et six de nos tamarins lions dorés ont disparu ainsi que nos six ouistitis argentés !

– Non ? Heureusement, les caméras de vidéosurveillance nous montreront la tête des voleurs, affirme Florence.

– Hélas, ils avaient dû repérer leur emplacement car le film est noir. Il leur a suffi de lancer un tissu sombre sur l'objectif.

Olympe vient de me pincer le bras. Elle est pâle et me jette un regard éperdu. Alors, je repense aux questions que nous ont posées, la veille, deux visiteurs. Ils s'intéressaient aux caméras de surveillance et Olympe leur a répondu sans méfiance. Il me semble important de le signaler, mais j'hésite car nous allons sûrement être grondés. J'essaye d'en savoir plus :

– Comment sont-ils entrés dans le parc ? Ont-ils fracturé le lourd portail ? Ont-ils fait un trou dans le grillage de clôture ?

– Non, rien de tout ça. Ils se sont probablement laissé enfermer à l'intérieur hier soir.

Alors, là, c'est un comble. Olympe fond en larmes et bredouille :

– C'est notre faute. Hier soir, nous avons fait le tour du parc avec Simon et...

Comme elle ne parvient plus à parler, je termine :

– Et nous n'avons pas été assez attentifs.

– Mais non, nous rassure Florence. Le parc est vaste et il y a tellement d'endroits pour se cacher…

– Et… c'est nous qui avons renseigné les voleurs, reprend Olympe en reniflant.

– Comment ça ? interroge Simon.

– Hier deux hommes nous ont posé des questions sur le système de sécurité qui protège les ouistitis et nous leur avons répondu.

– On ne pouvait pas savoir qu'il s'agissait de malfrats ! je poursuis.

– Vous sauriez les décrire ?

– Heu… pas vraiment. Il y avait un grand avec un chapeau rabattu sur les yeux… et un plus petit.

– Effectivement, c'est assez vague. De toute façon, on va appeler la police afin de porter plainte pour vol.

Tout en parlant, nous nous sommes approchés des enclos. Ils sont dramatiquement vides à l'exception de quelques tamarins lions regroupés dans un coin. Je me retiens pour ne pas pleurer. Tout à coup, il me semble apercevoir du mouvement derrière un tas de branches.

– N'en reste-t-il pas un autre là-bas ? dis-je l'index pointé vers le fond de la cage.

Simon se précipite à l'intérieur et revient avec un minuscule tamarin lion doré.

– C'est l'un des nouveau-nés. Il a dû tomber du dos de son père lorsque les malfaiteurs les ont attrapés.

– Oh, le pauvre ! s'apitoie Olympe.

– Oui. Il y a déjà plusieurs heures qu'il grelotte tout seul dans son coin. Il faut vite le réchauffer et lui donner à manger… mais je crains qu'il ne soit déjà trop tard.

– Non, non, affirme Olympe. On va le sauver !

– Tiens-le contre toi, recommande Simon en lui tendant le petit animal. Il n'est pas encore sevré, je dois lui préparer un biberon de lait.

Avec des gestes très doux, Olympe place le bébé tamarin contre son cœur. Il disparaît complètement dans sa main. Comme s'il économisait ses forces, il ne bouge plus... Il va peut-être même s'endormir, vaincu par la peur et le soulagement d'être à nouveau protégé. Enfin, une fois de plus, c'est moi qui imagine...

– Si on ne retrouve pas sa mère rapidement, il ne survivra pas, explique Florence.

– Il y a déjà Mimi à sauver et maintenant en voilà un autre, c'est terrible, se lamente Olympe.

Le talkie-walkie de Florence grésille. Elle parle un instant puis annonce :

– Deux gendarmes viennent d'arriver à l'accueil. Je vais les recevoir et répondre à leurs questions. On aura sans doute besoin de votre témoignage.

Je reste avec Olympe qui s'occupe avec tendresse du bébé tamarin. Il a du mal à saisir la tétine du minuscule biberon. Olympe la lui place dans la gueule. Il fait la grimace. Ça ne doit pas avoir le même goût que le lait de sa mère. Mais, finalement, comme il a faim, il parvient à en boire un peu… puis rassasié et fatigué, il s'endort dans la main d'Olympe.

Simon a préparé une bouillotte qu'il installe sous une couverture dans un petit panier. Olympe y place son protégé et l'encourage :

– Accroche-toi à la vie !

– Il ne faut pas trop t'attacher à lui… Il est faible et fragile, et même si nous mettons tout en œuvre… il n'est pas certain que nous parvenions à le sauver, explique Simon. À présent, rejoignons Florence pour répondre à l'interrogatoire des gendarmes.

Je suis énervé. Nous avons sans doute aidé les voleurs malgré nous et je me sens incapable de faire leur portrait-robot !

– De toute façon, on n'est pas certains que ces deux hommes soient impliqués dans cette affaire, conclut l'un des gendarmes.

– En effet, ajoute l'autre, il s'agissait peut-être simplement de visiteurs curieux.

– Vous allez retrouver les voleurs, n'est-ce pas ? insiste Olympe.

– On va essayer, mais ce ne sera pas facile. Il y a, à présent, des bandes parfaitement organisées qui font du trafic d'animaux exotiques. Les petits singes se revendent cher à des collectionneurs particuliers.

– Je croyais que la vente de ces animaux était interdite, dis-je.

– Elle l'est, mais certaines personnes peu scrupuleuses s'en moquent et se payent le luxe d'avoir un animal de compagnie original. Un chien ou un chat c'est banal, alors qu'un tamarin lion ou un ouistiti argenté que l'on peut habiller comme une poupée, ça amuse les enfants.

Je m'indigne :

– Ce sont des êtres vivants, pas des jouets !

– Et si on ne retrouve pas rapidement la famille du bébé tamarin, il risque de mourir ! renchérit Olympe.

– On va effectuer un relevé d'empreintes, mais on a peu d'espoir. Les voleurs devaient porter des gants. Peut-être trouvera-t-on des marques de chaussures, un cheveu… Il faut faire vite avant l'ouverture du parc aux visiteurs.

Les siamangs

Tandis que les gendarmes commencent les investigations, Simon nous dit :

– Je sais que le moment est grave et triste, mais la vie des autres primates continue. On a pris du retard pour préparer leur sortie. Je vais avoir besoin de vous.

– On est prêts ! je m'exclame.

– On va commencer par les siamangs. Ils ont lancé leur cri d'appel matinal depuis un bon moment et ils s'impatientent.

Nous revenons dans le bâtiment des primates. Les siamangs, accrochés aux branches par leurs longs bras, se balancent puis s'élancent pour attraper une corde un peu plus loin. Ils ont un cri puissant qui me vrille les tympans.

– Regardez, dit Simon, leur cou se gonfle et devient presque aussi gros que leur tête. Leur cri peut s'entendre à cinq kilomètres à la ronde. Ils le poussent pour prévenir de l'arrivée d'un danger et défendre leur territoire.

– Combien avez-vous de siamangs ?

– Quatre : deux adultes et deux jeunes. Le père Totor et la mère Ginie sont en couple depuis vingt ans. Les siamangs sont très fidèles. La plupart sont originaires de l'île de Sumatra. Ils sont menacés d'extinction car les forêts où ils vivent sont détruites pour installer des plantations de palmiers pour l'huile de palme.

– J'en ai entendu parler, c'est un produit pas cher que les industriels utilisent dans la nourriture, les cosmétiques et les produits d'entretien, explique Olympe. Il faudrait éviter d'acheter les articles qui en contiennent.

– Tu as raison. Cependant, dans certaines régions les hommes ont besoin d'étendre les zones de cultures pour améliorer leur existence…

– J'ai vu un reportage à la télévision qui expliquait que maintenant certains territoires sont réservés aux animaux et non aux cultures.

– Oui. C'est une bonne chose. Tenez, regardez, voici Vésuve, le fils de Totor et Ginie. Il a trois ans, mais il ne fondera sa propre famille que dans trois ans. Bientôt, nous ferons venir pour lui une femelle d'un autre parc. Et là, c'est Sofia. Elle va avoir un an, elle tète encore sa mère et commence à peine à manger quelques fruits et à se déplacer seule.

Nous nous efforçons d'écouter les explications de Simon, mais je ne peux m'empêcher de penser aux voleurs et aux petits primates disparus.

– Vous avez un cageot de pommes à couper en quartiers et un autre de bananes à débiter en rondelles ! Travailler permet d'oublier les soucis.

Nous commençons à tailler les fruits, le cœur assez lourd.

– Tu crois qu'on va les retrouver ? me demande Olympe après un long silence.

– Je l'espère, mais…

Je soupire, elle soupire.

– Aïe ! s'écrie-t-elle soudain en lâchant son couteau.

– Tu t'es coupée ?

Elle porte son pouce à la bouche pour lécher le sang. Ça saigne vraiment beaucoup, alors je propose :

– Il vaudrait mieux désinfecter.

À cet instant, Simon revient dans le bâtiment avec un soigneur. Apercevant

Olympe qui tient sa main ensanglantée, il s'exclame :

– Tanguy, accompagne Olympe à l'accueil ! Il y a une trousse de secours. Florence ou un soigneur désinfectera ta coupure et te mettra un pansement.

– On revient tout de suite, assure courageusement Olympe.

– Non. Le vol des petits primates vous a secoués, vous avez besoin de vous changer les idées.

– Tu t'occupes du bébé tamarin et de Mimi aussi ? interroge Olympe.

– Oui, ne t'inquiète pas !

Un message sur Internet

– Eh bien, tu ne t'es pas loupée ! s'exclame Florence à la vue du pouce ensanglanté d'Olympe.

Elle désinfecte la blessure. Olympe serre les dents, mais fanfaronne :

– Même pas mal !

Après avoir terminé le pansement, Florence nous propose :

– Vous avez eu votre dose d'émotion pour aujourd'hui, alors je vous dispense de surveillance du parc. Installez-vous sur la terrasse de la cafétéria en buvant un soda. Je vous laisse mon ordi… vous y trouverez des informations complémentaires sur les pays d'origine de nos animaux.

Rester assis toute la matinée ne me tente pas trop, mais Olympe semble plutôt contente, alors je vais chercher deux sodas. Lorsque je reviens avec les canettes bien fraîches, elle me dit, le visage illuminé par un sourire :

– J'ai une idée. On va lancer une alerte enlèvement d'animaux sur Internet.

– Ça existe, ça ?

– Je n'en sais rien. Mais on peut l'inventer, non ? Tu n'es pas mauvais en informatique.

– Je me défends.

– Sur Facebook, on doit pouvoir le faire facilement.

– J'ai un compte Facebook, mais ne le répète pas à mes parents ! On mettra la photo d'un ouistiti argenté et d'un tamarin lion, en signalant le vol et en invitant les internautes à ouvrir l'œil et les oreilles et à partager l'information.

Aussitôt dit, aussitôt fait. Je rédige le message, je colle les photos et je poste.

Et là, c'est la magie d'Internet. À peine trente minutes plus tard, les premiers messages arrivent. Des gens nous font part de leur indignation, de leur colère, d'autres nous encouragent dans nos recherches, d'autres encore s'attendrissent sur le sort des petits primates.

– C'est un bon début… mais pour l'instant cela ne nous mène à aucune piste.

– Un peu de patience, me gronde Olympe. Il faut le temps que le message se répande. Espérons qu'un internaute croisera la route des voleurs et nous fera signe. Il faut mettre également une annonce sur les sites qui recensent les chiens et les chats perdus. C'est grâce à eux que Noémie a retrouvé son chat l'année dernière.

– Là il s'agit de singes et ils ne sont pas perdus mais volés.

– Il faut tout essayer.

– Tu as raison.

Nous demeurons un long moment les yeux rivés sur l'écran et régulièrement un message d'encouragement ou d'indignation s'affiche. En accord avec les internautes, je me lamente :

– Voler des bijoux, de l'argent, des tableaux, c'est déjà moche... mais voler des animaux qui vivaient heureux dans le parc pour les vendre à des gens sans scrupule, ça me met hors de moi !

– Oh, zut ! avec tout ça, j'ai oublié Mimi ! Même si Simon a affirmé qu'il n'avait pas besoin de nous aujourd'hui, j'aimerais bien la revoir.

– Je viens avec toi. Ça ne sert à rien de ruminer...

Nous traversons le parc pour rejoindre le bâtiment des primates. Il y a beaucoup de monde et nous nous sommes si bien habitués à notre rôle de guide que nous l'endossons sans même nous en rendre compte.

– Ces drôles de primates sont des lémuriens, dis-je à une fillette blonde qui demandait à ses parents : « Quel nom ils ont ces singes bizarres ? »

– Et ceux-là, s'appellent des grands hapalémurs parce qu'ils sont plus grands que ceux qui sont dans l'enclos voisin, les hapalémurs gris et les hapalémurs dorés, explique Olympe. Ils vivent tous à Madagascar dans de vastes forêts de bambous dont ils dégustent les jeunes pousses.

– Comme les pandas, alors ? s'étonne la fillette.

– Oui, mais les pandas vivent en Chine.

Tout le long de notre itinéraire, nous indiquons encore où se trouvent la cafétéria, les toilettes, l'enclos des girafes et celui des lions, nous rappelons à l'ordre un gamin qui lance des cailloux aux hippopotames pour les réveiller. Je souris à Olympe. Décidément, c'est une activité qui nous plaît et nous permet d'oublier un instant ce qui nous tracasse.

Dès que nous entrons dans le bâtiment des primates, nous entendons Mimi gémir.

– Elle doit avoir faim, je m'exclame. Simon n'a sans doute pas encore eu le temps de s'en occuper.

– Il m'a expliqué qu'il préparait le matin les biberons pour toute la journée. Ils sont stockés dans le réfrigérateur. Il suffira de les faire réchauffer dans le four à micro-ondes, assure Olympe.

Elle saisit un minuscule biberon dans le réfrigérateur et le fait tiédir. Pendant ce temps, j'attrape délicatement Mimi, l'enroule dans le doudou sur lequel elle dormait et je commence à débiter des phrases idiotes en la berçant dans ma main. Les mêmes que prononce mon oncle lorsqu'il s'occupe de mon cousin Théo âgé de six mois et qui me font pouffer de rire.

– Elle a fait son gros dodo, la petite Mimi, et maintenant, elle meurt de faim ! Un peu de patience. On te prépare un vrai festin !

Olympe me lance un regard étonné et un peu ironique qui me met mal à l'aise. Aussi, je lui tends le petit singe en affirmant :

– Elle est trop chou !

Alors que Mimi commence à téter goulûment, ses yeux noirs rivés sur le visage d'Olympe penché sur elle, Simon arrive et s'exclame :

– Ah, c'est gentil de vous occuper de Mimi. Avec tous ces évènements, j'ai pris du retard.

– Si on peut rendre service, dis-je.

– Avez-vous des nouvelles des voleurs ? s'informe Olympe.

– Aucune. Mais l'enquête ne fait que commencer.

Nous voyons à son visage crispé qu'il n'est pas très optimiste. Pourtant, afin de nous rassurer, il claironne :

– Ne vous inquiétez pas, on finira par les retrouver ! Cette nuit, avec une partie de l'équipe, nous allons nous relayer pour effectuer une surveillance du parc pour le cas où les voleurs reviendraient pour dérober d'autres primates.

– Est-ce qu'on peut venir pour faire manger Mimi et le bébé tamarin lion ? je demande.

– Oui, ajoute Olympe. Il faut au moins sauver ceux-là et ils sont si fragiles.

– Merci les jeunes, mais nous serons assez nombreux cette nuit. Alors à demain.

Un gorille chez le dentiste

Je n'ai pas très bien dormi et je crois qu'Olympe et Florence non plus. Pourtant, ce matin, je suis prêt le premier. J'ai hâte de retourner au parc parce que j'espère qu'on nous annoncera que les voleurs ont été arrêtés. Dans la voiture, personne ne parle. L'inquiétude nous sèche la gorge.

Lorsque nous pénétrons dans le parc, j'ai un mauvais pressentiment. Il n'y a pas l'effervescence joyeuse qui régnerait si l'on avait retrouvé ouistitis et tamarins. D'ailleurs, dès qu'il nous voit, le directeur, la mine sombre, nous dit :

– Aucune nouvelle, aucune piste, rien. C'est désespérant.

L'ardeur qui m'avait animé ce matin retombe. J'ai l'impression qu'un ressort s'est cassé en moi. Je me sens fatigué et anxieux à la fois.

Tout à coup, Simon fait irruption dans le bureau du directeur et, apercevant Florence, il la salue et lui annonce :

– Je t'attendais. Maoni semble avoir une rage de dents. Depuis hier, elle n'arrête pas de plonger son doigt dans sa bouche, elle fait la grimace en mangeant et parfois même elle gémit.

– Qui est Maoni ? j'interroge.

– Notre femelle gorille. Elle a déjà eu trois petits dont le père est Sumo. C'est une famille très soudée et je vois bien que Sumo et les petits sont inquiets devant la souffrance de Maoni.

– On va l'isoler du groupe et l'endormir afin que je puisse la soigner, décide Florence.

– On peut venir avec vous ? demande Olympe.

– Bien sûr.

Nous suivons Simon qui se dirige vers l'enclos des gorilles, tandis que Florence prépare son matériel médical. Un autre soigneur distrait les trois jeunes gorilles en leur proposant une sorte de ballon rempli de sucreries qu'ils se disputent en criant, et un troisième offre à Sumo un immense sac de jute en nous affirmant :

– C'est l'un de ses jeux préférés. Il se le met sur la tête, cherche à s'installer dedans… Il sera occupé un bon moment.

Pendant ce temps, Simon essaie d'attirer Maoni dans une loge vide. Il l'appelle, lui parle, lui promet une banane, et la femelle, sans se faire prier, entre dans la loge. Simon actionne la manette qui ferme la trappe donnant sur l'extérieur. Maoni se retourne. Elle doit trouver bizarre d'être enfermée dans sa chambre en plein jour. Elle s'accroche aux barreaux et fixe Simon avec, il me semble, un peu d'angoisse dans les yeux. C'est fou ce que les gorilles sont expressifs !

– Ne t'affole pas, ma belle, la réconforte-t-il d'une voix douce. Florence va te soigner et tu pourras à nouveau croquer tes fruits préférés sans avoir mal.

Florence entre dans le local et, à travers les barreaux, envoie une flèche dans la cuisse de Maoni pour l'endormir. Elle grogne, lance un regard de reproche à Simon comme pour lui dire : « Tu as trahi ma confiance ! »

Enfin, ça, une fois encore, c'est moi qui l'imagine… mais je ne dois pas être loin de la vérité.

Quelques minutes plus tard, Maoni dort. Simon et les deux autres soigneurs entrent dans la loge, soulèvent la femelle et la transportent dans une salle voisine où tout a été préparé pour l'opération. On dirait le bloc opératoire d'un hôpital : table, spot puissant, chariot à roulettes chargé d'ustensiles.

Bêtement, je ne me sens pas bien. Je n'ai jamais aimé les hôpitaux et même un épisode de *Good Doctor* à la télé me met mal à l'aise. Pour quelqu'un qui rêve de devenir vétérinaire, ce n'est pas génial. Olympe est aussi souriante que si elle assistait au show d'un humoriste. Je décide de m'accrocher pour ne pas tourner de l'œil pendant l'opération.

Florence ouvre la gueule du gorille endormi et conclut :

– Sa canine gauche est cassée, il n'en reste plus qu'un fragment. Je vais être obligée de l'arracher car un abcès s'est formé dans la gencive.

– Aïe ! je m'écrie en portant machinalement la main à ma bouche. Je déteste le dentiste.

– Elle ne sentira rien, rassure-toi.

C'est aussi ce qu'affirme mon dentiste lorsque je suis allongé, sans défense, sur le fauteuil… Mais il y a l'odeur des désinfectants, le bruit de la roulette, le cliquetis des pinces, crochets, loupes, qu'il dépose sur la tablette comme autant d'objets de torture, et ce suceur de salive qui me bloque la lèvre… L'horreur !

Florence arrache la dent avec une pince. De temps en temps, je détourne mon regard. Et lorsqu'elle saisit une aiguille et du fil pour recoudre la plaie, je serre les poings et je ferme carrément les yeux, mais en gardant la tête droite. Ainsi Florence, Simon et Olympe ne peuvent pas soupçonner ma panique puisqu'ils ont le visage tourné vers Maoni.

– Voilà qui est fait ! se félicite Florence quelques minutes plus tard. Je vais lui administrer un antibiotique, un anti-douleur et pendant une semaine vous la nourrirez de carottes et de brocolis en bouillie.

– Allez, les gars, on la reporte dans sa loge. Je viens d'y installer une botte de paille fraîche pour lui faire un bon matelas.

Simon et les deux soigneurs déposent délicatement Maoni sur sa couche.

– Je dois surveiller son réveil, nous prévient Simon. Elle aura besoin de réconfort. Olympe, peux-tu t'occuper de Mimi et du bébé tamarin ?

– Bien sûr !

Je suis certain qu'Olympe n'attendait que ça ! Elle adore la petite cercopithèque diane. Moi, j'avoue que je commence à me lasser de jouer les baby-sitters.

À ce moment-là, le talkie-walkie de Simon grésille. Je frémis. Et si on nous prévenait que l'on a retrouvé les petits singes ? Nous pensons sans doute tous la même chose car l'atmosphère vient brusquement de changer. Simon saisit nerveusement l'appareil. Nous sommes suspendus à ses lèvres, mais il répond d'un ton neutre :

– Je vous retrouve à l'accueil dans deux minutes.

Ce n'est donc pas la nouvelle que nous espérions. Il se tourne vers nous et nous annonce :

– Le ouandérou arrive de Berlin. J'avoue qu'avec tous nos problèmes, je l'avais un peu oublié.

– Je peux me charger de l'accueillir, propose Florence qui ajoute : Tanguy, tu viens avec moi ?

– Oui !

Un nouveau venu

Nous empruntons une voiturette électrique et nous sommes rapidement à l'accueil où une fourgonnette aux couleurs du parc est garée. J'ignore ce qu'est un ouandérou, mais durant le trajet, Florence m'explique :

– Nous avons six femelles macaque ouandérou au parc. On les appelle aussi macaque à queue de lion parce qu'ils ont une longue queue terminée par une touffe de poils, comme celle des lions. Ces macaques vivent dans le sud-ouest de l'Inde. Notre vieux mâle est mort l'année dernière. Grâce au programme d'échange, le zoo de Berlin nous en a proposé un.

Florence saute de voiture et, serrant énergiquement la main du chauffeur et de son assistant, elle lance :

– Salut Laurent, salut Antoine ! Tout s'est bien passé ?

– Il est sage comme une image ! On s'est arrêtés à mi-parcours pour lui offrir une banane qu'il a dévorée. Il ne semble même pas stressé.

– Tant mieux. Tu as sa fiche ?

Laurent tend une feuille de bristol à Florence qui commente à haute voix :

– Il s'appelle Rodolf. Il a 8 ans. Il a déjà été père plusieurs fois, c'est donc un bon reproducteur. Il est plutôt calme et il n'a eu aucun ennui de santé. Tout est parfait !

Laurent et Antoine ont posé la cage de transport sur le sol. Florence regarde le macaque qui la regarde également.

– Bienvenue au parc ! claironne-t-elle. Emmenons-le chez lui. Il a besoin de se dégourdir les pattes. Simon nous rejoindra bientôt.

Florence et moi suivons les deux soigneurs qui transportent la cage jusqu'à l'enclos des macaques ouandérou où Rodolf est libéré. Dès qu'elles nous ont vus, les femelles ont grimpé à la cime des arbres en piaillant. De là-haut, elles observent.

– L'arrivée d'un nouveau membre dans un clan déjà formé est toujours une aventure, m'explique Florence… et à plus forte raison lorsqu'il s'agit d'un mâle. Les femelles peuvent le refuser et le chasser, elles peuvent aussi se battre entre elles pour obtenir ses faveurs. Nous allons donc surveiller attentivement leurs comportements pour être prêts à agir en cas de besoin.

Rodolf avance calmement. Il fait le tour de son nouveau territoire et semble ignorer les femelles qui continuent à sauter de branche en branche en donnant de la voix.

– Plutôt timide, ce Rodolf. Il n'a pas l'intention de jouer le bourreau des cœurs, commente Florence.

Et puis, la plus curieuse descend de son arbre et s'approche en douce de Rodolf. Il se retourne brusquement et dévoile ses crocs pour bien lui montrer que c'est lui le maître. Les autres femelles hésitent, puis une à une, elles descendent de leur perchoir et rejoignent la plus téméraire.

– Regardez, nous dit Florence. Elles aussi veulent se montrer, et pour l'amadouer, elles choisissent la méthode douce et le suivent à bonne distance tandis qu'il chemine dans l'enclos.

Soudain, deux femelles se battent en poussant des cris stridents.

– Elles sont jalouses, commente Florence. Si ça dégénère, on interviendra pour les séparer.

Mais quelques instants plus tard, les deux rivales se calment et choisissent de s'installer chacune à bonne distance l'une de l'autre. Rodolf n'a pas bronché.

– Il est d'une placidité exemplaire, plaisante Florence. Il a vite compris qu'il n'y avait pas d'autres mâles sur son nouveau territoire.

Son talkie-walkie grésille. Aussitôt, mon cœur s'emballe. Et si c'était des nouvelles de nos disparus ? La main de Florence se crispe sur l'appareil, puis elle hoche la tête négativement à notre intention et répond :

– J'ai terminé avec Rodolf. J'arrive dans cinq minutes.

Puis se tournant vers moi, elle ajoute :

– Je dois aller voir un tapir du Brésil qui semble être malade. Je te propose de retrouver Olympe. Elle a peut-être besoin d'aide.

– J'y vais.

Labelleaffaire.com

Olympe vient de sortir du bâtiment des primates lorsque je la rejoins.

– Mimi a fini tout son biberon, elle a fait son rot, maintenant elle dort avec son doudou, me résume-t-elle. J'ai aussi nourri le petit tamarin lion… mais il est si fragile. Avoir été séparé si brutalement de sa mère est un véritable traumatisme pour lui. Il a du mal à téter. Si on ne la retrouve pas rapidement, je crains qu'il ne se laisse mourir.

J'ai réfléchi pour savoir comment on pourrait retrouver les primates qui ont été volés. En fait, je ne pense qu'à ça depuis hier. J'ai échafaudé des tas de plans en me prenant pour un super héros, mais je n'ai pas de super pouvoirs !

C'est grâce à ma mère que l'idée m'est venue. Son passe-temps préféré est de chercher de bonnes affaires sur Internet. Sur labelleaffaire.com elle m'a déniché des rollers pratiquement neufs pour dix euros et une super console de jeux pour vingt euros.

– On va mettre une annonce sur « labelleaffaire.com » !

– Et tu crois que le voleur va te répondre « Oui, oui, c'est moi qui ai les ouistitis argentés ! » ? se moque Olympe.

– Si on ruse… ça se pourrait bien.

– Explique-toi.

– Il suffit de rédiger une annonce piège… et avec un peu de chance, le voleur la lira et tombera dans le panneau. De toute façon, qu'est-ce qu'on risque à essayer ?

– Tu as raison. Allons dans le bureau de ma tante, on se servira de l'ordinateur.

Le bureau de Florence est vide à cette heure-là. Son ordinateur est en veille. Nous l'activons et nous nous connectons sur le site d'occasions.

– Quel texte on écrit ? me demande Olympe en s'installant devant le clavier.

– On pourrait mettre : « Collectionneur, cherche à acheter ouistitis argentés. »

– On devrait indiquer « collectionneur alsacien »… ou « bordelais »… d'une région éloignée du parc, afin d'endormir sa méfiance.

– Excellente idée ! On pourrait améliorer l'annonce en écrivant « Collectionneur bordelais, passionné, cherche à acheter, même cher, ouistitis argentés. »

– Et « paiement en espèces ».

Nous tapons le texte dans la rubrique « recherche », nous indiquons l'adresse mail d'Olympe, et nous validons notre annonce.

– Je propose de mettre une annonce identique sur des sites spécialisés dans les ventes d'animaux. Le but de nos voleurs est de gagner beaucoup d'argent en un minimum de temps. Douze singes, c'est difficile à cacher. Ça fait du bruit, ça bouge, ça mange, ça fait caca. Et s'ils ne sont pas gardés dans de bonnes conditions, ils peuvent mourir… alors adieu le butin !

Nous passons deux heures à identifier le maximum de sites et à y déposer notre annonce.

– Tu crois que ça va marcher ? s'inquiète Olympe.

– Je n'en sais rien, mais au moins on aura essayé quelque chose.

– On n'en parle à personne… j'ai peur qu'on se moque de nous.

– Oui. Ce sera notre secret. Maintenant, il n'y a plus qu'à croiser les doigts pour que notre voleur morde à l'hameçon !

Lorsque nous sortons du bâtiment, nous tombons sur Simon qui s'étonne :

– Où étiez-vous donc ? La cantine va fermer et vous n'êtes pas venus déjeuner.

Olympe et moi échangeons un regard étonné. Nous étions si occupés que nous n'avons pas vu qu'il était plus de treize heures. J'invente une excuse :

– On n'a pas très bien dormi cette nuit, on est allés se reposer dans la salle de détente et on s'est assoupis.

– Maurice, le cuisinier, a dû vous garder quelque chose.

– On y va vite.

Effectivement, Maurice, un grand bonhomme musclé, nous accueille avec son sourire habituel :

– Alors, les gosses, plaisante-t-il, on oublie de manger ? Je vous ai préparé deux énormes hamburgers végétariens avec de belles tomates, vous pourrez les dévorer dans le parc. Prenez aussi une bouteille de soda bien fraîche.

Nous le remercions et nous mordons avec entrain dans nos burgers.

Notre repas terminé, nous reprenons notre rôle de guide. Mais aujourd'hui, nous surveillons particulièrement les adultes. Tous ceux qui ont un chapeau qui leur cache la moitié du visage ou une casquette enfoncée jusqu'aux yeux et ceux qui restent longtemps devant l'enclos de certaines espèces de primates nous mettent en émoi. Nous les suivons un moment pour tenter de les apercevoir de face afin d'établir un portrait-robot.

– C'est terrible, me souffle Olympe, j'ai l'impression de voir des voleurs partout !

– Je suis comme toi. On prétend que le criminel revient toujours sur les lieux de son crime… les voleurs aussi, peut-être.

– Ils peuvent revenir pour repérer d'autres animaux à enlever.

– Alors, ouvrons l'œil, on ne sait jamais…

Tout à coup, le téléphone d'Olympe chantonne son refrain préféré. Nous échangeons un regard plein d'espoir. Est-ce une réponse à notre annonce ? Vite, elle se connecte sur sa boîte mail et lit :

– « La vente de ces animaux est interdite par la loi. Vous risquez des ennuis. »

Nous sommes tellement déçus, que je m'emporte :

– De quoi il se mêle, celui-là !

– Il a raison. La vente de ces primates est interdite, mais il y a toujours des filous pour détourner les lois. Il suffit que notre voleur croie que nous en faisons partie.

– Oui. Je croise les doigts pour qu'il lise notre annonce et y réponde.

La journée nous semble abominablement longue. Toutes les minutes, Olympe regarde son téléphone pour le cas où elle ne l'aurait pas entendu chanter… mais il est affreusement muet.

C'est déçus et tristes que nous rentrons avec Florence après la fermeture du parc.

Un vendeur intéressant

Nous dînons sans entrain en poussant de temps à autre d'énormes soupirs. Nous pensons aux primates volés et au bébé qui ne va peut-être pas survivre sans sa mère. Notre séjour au parc qui avait si bien commencé se trouve terni par ce triste évènement.

Nous débarrassons la table lorsque le téléphone de Florence vibre.

– Simon ? s'étonne-t-elle...

Elle écoute son interlocuteur et répond :

– J'arrive tout de suite !

– On a retrouvé les petits singes ? s'emballe Olympe.

– Hélas, non. Mais Simon qui est de garde cette nuit au parc, me signale que Dora, une gazelle de Mhorr a des difficultés pour mettre bas. C'est une espèce menacée, car elle a beaucoup été chassée dans le Sahel. Elle fait partie d'un programme de reproduction. Cela m'ennuierait de perdre la femelle ou son petit.

– On regardera un DVD en t'attendant.

– Non, allez vous coucher. Une mise bas peut durer longtemps.

Dès que Florence est partie, Olympe me dit :

– Choisissons un film drôle. J'ai besoin de rire !

Sur l'étagère qui surplombe la télévision, aucun DVD ne nous tente.

– On retourne vérifier sur Internet si nous avons des réponses ? me questionne Olympe.

– Oui. De toute façon, on n'arrive pas à penser à autre chose qu'au vol des petits singes.

Nous commençons par lire tous les messages de soutien sur mon compte Facebook. Toutes ces personnes qui partagent notre indignation, c'est réconfortant !

Puis, un peu anxieux, nous allons sur les sites de ventes où nous avons mis notre annonce. Aucune réponse dans le premier, ni dans le second… mais lorsque nous entrons dans le site spécialisé dans les ventes d'animaux, un petit logo rouge clignote à côté de notre message.

– Nous avons une réponse ! lance Olympe en me pinçant le bras.

Nous hésitons à cliquer sur le logo pour obtenir la lecture du message. J'échange un regard avec Olympe où se mêlent espoir et inquiétude.

– C'est peut-être un farfelu…

– Ou bien des insultes pour nous reprocher d'acheter des singes.

– On ouvre quand même ? me demande-t-elle.

Je lâche, la gorge sèche :

– Oui.

Elle clique. Le message apparaît.

Bonjour, je possède deux ouistitis argentés. Je suis obligé de les céder pour raisons personnelles. Le prix est de mille euros par individu.

On peut se donner rendez-vous à mi-parcours, sur une aire d'autoroute par exemple.

Je souhaite un paiement en espèces.

J'attends une réponse rapide. Plusieurs personnes sont intéressées.

J'ai le cœur qui bat à cent à l'heure et le souffle court, je lâche :

– Il a mordu à l'hameçon.

– Rien ne dit que c'est notre voleur. Pourquoi prétend-il qu'il n'en a que deux à vendre, alors qu'il en a dérobé six ?

– Pour brouiller les pistes. S'il écrivait qu'il en a six, il se trahirait.

– Dès que ma tante arrive, on lui en parle !

– Ce sera peut-être trop tard. À quelle heure a-t-il posté ?

– À dix-huit heures trente-deux.

– Il y a déjà plus de trois heures. Alors, il faut lui répondre sans perdre de temps.

– Tu as raison. Qu'est-ce que je mets ?

– Heu… « Je réserve les deux ouistitis. Le prix me convient… »

– Il faut lui dire où l'on habite pour définir l'aire d'autoroute. Par exemple : « J'habite Colmar. Dites-moi le nom de l'aire d'autoroute ainsi que le jour et l'heure qui vous conviennent. »

– Quand je pense que grâce à nous, on va retrouver le voleur et les petits singes ! On est plus fort que les gendarmes !

– Ne nous emballons pas. Ce n'est peut-être pas lui… et dans ce cas on aura l'air de deux gamins prétentieux !

Nous bavardons un peu, mais aucune conversation ne nous captive… et nous n'avons pas du tout envie de nous coucher. De toute façon, nous sommes trop excités pour nous endormir. Nous guettons à la fenêtre l'arrivée de Florence. N'y tenant plus, Olympe décide de lui envoyer un SMS : « Reviens dès que possible. Nous avons des nouvelles. » Notre portable reste muet.

– L'accouchement doit mal se passer et ma tante n'a pas entendu vibrer son téléphone, conclut Olympe.

Il est plus de minuit lorsque la voiture de Florence s'arrête dans la cour.

– Vous devriez être couchés ! gronde-t-elle. Je ne peux donc pas vous faire confiance ?

– Nous t'attendions et…

– La mise bas a été longue et difficile mais la gazelle et son faon vont bien, résume-t-elle avant de lancer : tout le monde au lit ! Je suis épuisée.

– On a quelque chose d'important à te dire au sujet du voleur.

– Vous l'avez retrouvé ? plaisante-t-elle en bâillant à se décrocher la mâchoire.

– Presque.

Son sourire moqueur disparaît instantanément.

– Comment ça ? s'étonne-t-elle.

Alors que je vais expliquer notre démarche, je me dis qu'elle va peut-être s'étonner que je dispose d'un compte Facebook à mon âge. Un coup d'œil à Olympe me fait penser qu'elle comprend mon hésitation, aussi c'est elle qui prend la parole :

– On a mis des annonces sur Internet comme si on voulait acheter des ouistitis argentés et on a eu une réponse tout à l'heure.

– Non ? Montrez-moi !

Olympe se connecte rapidement sur le site de vente et tend la tablette à sa tante. Elle lit notre texte, la réponse du vendeur et notre dernier message, puis elle se tourne vers nous :

– Vous avez eu une excellente idée ! Je m'étonne même qu'aucun adulte ne l'ait eue. C'est une bonne piste. Pourtant, il ne faut pas nous emballer trop vite. Ce n'est peut-être pas notre voleur.

– Bien sûr… mais si ce n'est pas lui, c'est tout de même quelqu'un qui vend des ouistitis argentés alors que ces animaux sont protégés.

– Tu as raison, Tanguy. Demain matin, je préviens la gendarmerie. Mais à cette heure tardive, on ne peut rien faire à part dormir… et je tombe de sommeil.

Alors que nous pénétrons dans nos chambres respectives, elle ajoute :

– En tout cas, je vous félicite.

Nous sourions, soulagés qu'elle ait pris notre initiative au sérieux.

Mimi grandit

Le lendemain, non seulement, je suis réveillé le premier, mais comme je me suis précipité dans la salle de bains, je suis également prêt avant Olympe et sa tante. La table du petit déjeuner est mise lorsqu'elles entrent dans la cuisine.

– Tu es tombé du lit, Tanguy ? s'étonne Florence.

– Presque. Je suis si impatient de savoir si nous tenons le voleur que j'ai ouvert les yeux avant six heures et que je n'ai pas pu me rendormir.

– Je n'ai pas très bien dormi non plus, avoue Olympe.

– Nous allons nous rendre directement à la gendarmerie. Je suppose que cela vous fera plaisir d'exposer vous-mêmes votre idée ?

– Heu... tu crois qu'ils vont nous prendre au sérieux ?

– J'en suis certaine. Je vais prévenir Simon que ses stagiaires seront en retard pour la bonne cause.

C'est à la fois fier et un peu tendu que je pénètre dans la gendarmerie derrière Florence et Olympe, pas plus rassurée que moi.

Le gendarme qui nous reçoit nous écoute avec intérêt, lit les messages que nous avons échangés avec notre mystérieux interlocuteur. Il ne se moque pas de nous, il ne nous reproche pas notre intervention et lorsque nous avons terminé, il nous dit :

– Vous avez eu une bonne initiative. J'ignore si c'est notre homme… mais il n'est pas net. On va prendre le relais et entrer en contact avec lui.

Puis, s'adressant à Florence, il poursuit :

– Nous aurons sans doute besoin de vous pour identifier les singes.

– Bien sûr. Comme les ouistitis sont munis de puce électronique, on ne pourra pas faire d'erreur.

– Je vous appelle dès que j'ai du nouveau. Merci pour votre aide, les jeunes !

Être félicité par la gendarmerie, ce n'est pas si courant et c'est tout sourire que nous repartons pour arriver au parc quelques minutes plus tard.

– Alors, on a joué aux détectives et on a retrouvé les voleurs ? nous accueille Simon.

– Les nouvelles vont vite, plaisante Olympe.

– Florence m'a prévenu. Eh bien, chapeau à tous les deux. Vous êtes plus forts que la gendarmerie !

– Arrête de les féliciter, ils vont prendre la grosse tête, ironise Florence.

– Oh, pas de problème. Je vais leur remettre les pieds sur terre… ou plutôt dans le caca. Vous allez nettoyer les loges des éléphants !

Olympe et moi devons afficher une tête catastrophée car Simon éclate de rire et reprend :

– C'était une blague. Aujourd'hui est un grand jour pour Mimi. On va lui donner autre chose que du lait et la présenter à sa famille.

– Oh, ç'aurait été dommage de manquer ça ! s'enthousiasme Olympe.

Lorsqu'Olympe pénètre dans la loge où Mimi dort dans son panier avec son doudou, la petite cercopithèque diane lui saute dessus en babillant joyeusement.

– Je crois qu'elle te reconnaît, dis-je à Olympe.

– Elle est adorable, un véritable bébé d'amour… bêtifie Olympe en serrant le minuscule singe contre sa poitrine.

– Je lui ai préparé une coupelle avec des petits morceaux de fruits, de carottes et quelques insectes pour les protéines, explique Simon.

Je saisis la coupelle et je la mets sous le nez de Mimi. Étonnée, elle me regarde comme pour me dire : « Et mon lait ? Il est où mon lait ? »

– Goûte, Mimi, c'est bon pour toi, l'encourage Olympe.

Mimi observe Olympe, grimace, saisit un morceau de carotte, en grignote un minuscule bout et le lâche.

– Tu n'aimes pas ? C'est pourtant bon la carotte... reprend Olympe.

– Elle a raison, moi aussi je déteste ça, dis-je.

– Tu préfères goûter cette bestiole grillée ? s'amuse Olympe en me tendant une sorte de grillon.

– Pouah ! Non merci.

Mimi joue avec les aliments de la coupelle, elle les renifle, les porte à sa bouche, en lèche un, recrache les autres et commence à s'impatienter.

– Bon, elle n'est pas encore prête à abandonner le lait, conclut Simon. Pour le moment elle n'adore que le melon.

Dès que Mimi aperçoit le biberon et sent l'odeur du lait tiède, elle pousse de petits cris joyeux et se love toute seule dans le creux du bras d'Olympe pour savourer son déjeuner.

Le repas terminé et le rot fait, Simon nous explique :

– Il fait beau, il n'y a pas de vent, c'est le moment de lui proposer sa première sortie dans la nature.

Nous ouvrons la trappe qui donne à l'extérieur, mais Mimi préfère se coucher dans son panier, enroulée dans son doudou. Olympe sort dans l'enclos et appelle sa petite protégée pour l'encourager. Prudente, Mimi s'approche, mais l'air qui s'engouffre par l'ouverture la fait éternuer et, apeurée, elle recule.

– Mimi est une gourmande, dit Simon. On va la piéger avec des morceaux de melon bien mûr.

Olympe se place de l'autre côté de la trappe et attire l'attention de Mimi avec un morceau de melon luisant de jus. Mimi hésite. Elle fait un pas, puis deux… Elle recule… jette des regards inquiets autour d'elle, comme si elle se disait : « Franchement, je suis si bien dans mon nid douillet… l'aventure extérieure ne me tente pas du tout. » Mais ce melon sent vraiment trop bon. Elle avance. La voilà dehors ! Olympe la félicite et lui offre la friandise.

Mimi fait quelques pas. Elle arrache une feuille, la goûte, fait la grimace, puis elle lève la tête et aperçoit les arbres. Alors, comme si son instinct se réveillait soudainement, elle escalade un tronc et se lance de branche en branche avec agilité en poussant des petits cris de joie.

– Ça y est ! s'enthousiasme Simon. Je craignais que, sans les conseils de ceux de sa race, elle ait peur de grimper aux arbres, il n'en est rien.

– Elle ne risque pas de se rompre le cou ? dis-je en désignant Mimi installée sur la plus haute branche.

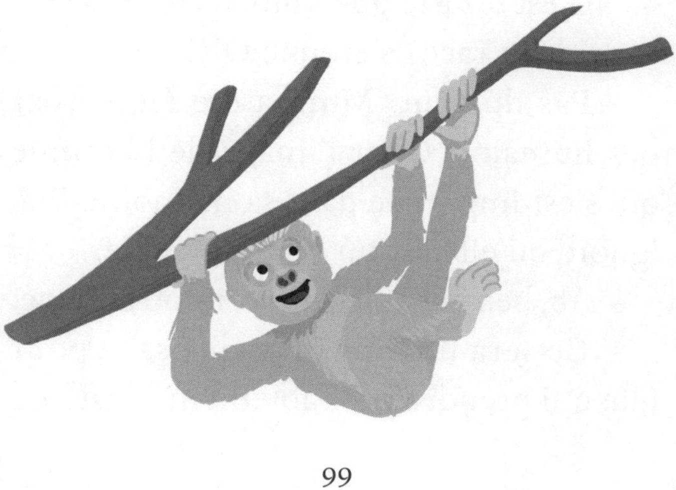

– Non. Si par maladresse elle manque une branche, elle se rattrapera à la suivante, et si elle tombe, elle saura se réceptionner sans mal.

– Oh, regardez, les autres cercopithèques diane se sont agglutinés contre la grille pour la voir.

– Oui, toute la tribu l'observe, confirme Simon, même sa mère qui n'a pas voulu d'elle à la naissance.

– Mimi, Mimi ! appelle Olympe, vient dire bonjour à ta famille !

Mais Mimi ignore les siens et continue à se promener dans les arbres.

– C'est bizarre que Mimi n'aille pas vers ceux de sa race ? s'étonne Olympe.

– Pas du tout. Mimi a été élevée par des humains. C'est l'image de l'homme qui s'est imprimée dans sa mémoire. Elle ignore qu'elle est un cercopithèque.

– Ah, ben zut alors, dis-je, impressionné.

– Ce sera un long apprentissage pour elle qui prendra probablement plusieurs mois, reprend Simon. Mais il n'est pas question que Mimi soit un animal de compagnie. Elle doit vivre parmi les siens.

Alors que nous occuper de Mimi nous avait fait un peu oublier les douze petits singes volés, la phrase de Simon nous rappelle qu'ils sont probablement destinés à devenir des animaux de compagnie.

– Pourvu que la gendarmerie réussisse à arrêter le voleur, dit tout à coup Olympe.

– Et surtout, pourvu que les petits singes n'aient pas déjà été envoyés dans un pays étranger, ajoute Simon.

– Pourquoi dites-vous ça ?

– Nous craignons qu'il s'agisse d'un réseau bien organisé. D'autres parcs en France ont été victimes de vols de singes, de lionceaux, mais aussi de tortues, de perroquets et même de reptiles. Aucun de ces animaux n'a été retrouvé. Ils sont sans doute partis dans des pays où la législation est moins stricte qu'en France.

– Oh, si on ne les retrouve pas, ce serait trop triste, se lamente Olympe, et le bébé tamarin risque de mourir.

Voyant nos visages dépités, Simon ajoute :

– Heureusement, cette fois, nous avons une piste sérieuse grâce à vous ! Allez, maintenant, il faut réussir à faire rentrer Mimi dans sa loge. Je ne peux pas jouer à la nounou toute la journée !

Une longue attente

Comme Simon s'est rendu compte de l'intérêt d'Olympe pour les bébés singes, il lui confie la tâche de nourrir le bébé tamarin. Je crains qu'il me propose de nettoyer une loge, c'est vraiment ce que j'aime le moins dans le métier de soigneur. Avant que l'idée ne lui vienne, j'emboîte le pas d'Olympe qui se dirige vers l'enclos des tamarins.

Cette vaste loge qui devrait retentir des cris multiples des tamarins est aussi silencieuse qu'un tombeau. Nous y pénétrons et Olympe saisit le minuscule tamarin qui dort enroulé dans un lainage sur une bouillotte tiède. Il est si petit, si frêle, si vulnérable que je suis, une fois de plus, tout attendri, et aussi violemment en colère contre ses voleurs pour qui la vie des animaux n'a aucune valeur, si ce n'est une valeur marchande pour s'enrichir.

Je regarde ma montre et je dis :

– Ta tante et les gendarmes sont peut-être arrivés sur le parking où l'on a donné rendez-vous au voleur.

– Je n'arrête pas d'y penser… mais si ça se trouve, on a fait fausse route et celui qui va se présenter ne sera pas notre voleur.

– Ne sois pas défaitiste ! Moi, je suis certain que c'est lui !

Le bébé tamarin accepte de boire quelques gouttes de lait, mais il ne finit pas le minuscule biberon. Il s'accroche au doigt d'Olympe et ne veut plus le lâcher. Mon amie remplit la bouillotte d'eau chaude comme le lui a montré Simon, l'enveloppe d'un tissu de laine, la dépose dans le petit panier et installe dessus le bébé tamarin enroulé dans une étoffe poilue et douce pour lui rappeler le poitrail de sa mère.

– Voilà, j'ai fait ce que j'ai pu, soupire Olympe, mais si sa maman ne vient pas rapidement me remplacer, j'ai peur que…

Tout à coup, son smartphone vibre. Nous nous lançons un regard inquiet. Elle le saisit dans la poche de son jean, puis reconnaissant le numéro qui s'affiche, elle hausse les épaules et répond d'un ton agacé.

– Ah, c'est toi, Camille ? Tu vas aller te baigner ? Bravo… La plage est ombragée de cocotiers géants ? Tant mieux. Ici aussi, c'est formidable ! Il y a eu plein de naissances et c'est moi qui m'occupe des bébés. Bon, je te laisse, j'attends un appel important… Non, non, je ne peux pas t'en parler, c'est top secret !

Lorsqu'elle coupe la communication, elle se défend en me disant :

– Elle m'agace, Camille. Elle fait toujours mieux que tout le monde… alors là, je lui en ai mis plein la vue !

– Tu as bien fait. J'ai cru que c'était ta tante.

– Moi aussi. Elle pourrait au moins m'envoyer un SMS pour me raconter ce qui se passe. Quel dommage que nous n'ayons pas pu venir avec elle !

– Oui. Puisque c'est nous qui avons mis la gendarmerie sur une piste, on aurait pu nous proposer de participer.

– Le problème, c'est que nous ne sommes que des enfants… C'est trop rageant d'être obligé d'attendre sagement ici !

Comme d'habitude, nous passons l'après-midi à jouer notre rôle de guide et à répéter avec le sourire où sont les toilettes, la cafétéria, l'enclos des girafes, le parc aquatique… mais franchement, nous avons la tête ailleurs. Vingt fois Olympe sort son smartphone de sa poche en espérant un message, mais l'écran reste obstinément vide.

– Pourvu qu'il n'y ait rien de grave, s'angoisse-t-elle.

– Que veux-tu qu'il arrive ? Elle est avec les gendarmes.

– C'est bizarre tout de même qu'elle ne nous envoie pas un message.

– Elle est sans doute prise dans le feu de l'action… arrêter un malfaiteur ne doit pas être de tout repos.

– Et s'il avait une arme et qu'il avait tiré ?

– Mais non, tu te fais un film…

J'ai dit ça pour la rassurer, pourtant j'ai eu la même idée. Et le film de l'arrestation musclé du voleur se déroule dans ma tête, comme dans les séries policières que j'affectionne, mais cette fois, c'est pour de vrai : il y a des cris, des sommations, une course-poursuite, une fusillade, des blessés, du sang… Ce qui expliquerait le silence de la tante d'Olympe.

La journée se termine sans que nous ayons de nouvelles. L'équipe du parc est aussi inquiète que nous, bien qu'elle essaie de le cacher par des plaisanteries et des projets pour le lendemain.

– Simon va vous raccompagner au domicile de Florence. Je suis certain qu'elle ne va pas tarder, nous annonce le directeur. Je vous aurais bien amenés chez moi, mais ce soir, je suis invité à l'anniversaire d'un ami à plus de cent kilomètres d'ici.

Lorsque Simon nous laisse devant la maison, il nous propose :

– Si par hasard Florence n'était pas de retour vers vingt et une heures, appelez-moi, je viendrai vous chercher.

Nous remercions, nous sourions, mais franchement, pénétrer dans la maison sans Florence est une épreuve.

Nous nous installons dans le canapé et nous refaisons le monde. Un monde où il n'y aurait plus de trafic d'animaux ; où les rhinocéros ne seraient plus tués pour leurs cornes parce que les gens qui croient aux vertus miraculeuses de la poudre de corne de rhinocéros auraient enfin compris qu'on leur vend très cher une illusion ; où les éléphants vivraient sereinement parce qu'ils ne seraient plus chassés pour l'ivoire de leur défense ; où les singes ne seraient plus menacés parce que les forêts ne seraient pas systématiquement détruites pour y faire des cultures ; où les ours blancs continueraient à marcher longtemps sur la banquise qui ne serait pas en train de fondre à cause du réchauffement climatique ; où les oies et les canards ne subiraient pas un gavage forcé afin que le foie gras soit au menu de Noël…

Notre discussion est si animée que nous ne nous apercevons même pas que le soir descend.

– Il fait presque nuit, remarque brusquement Olympe, et Florence n'est toujours pas là. C'est sûr, il lui est arrivé quelque chose de grave.

– On va téléphoner à Simon comme il nous l'a proposé.

Alors qu'Olympe saisit son portable, une voiture se gare dans la cour. Nous nous précipitons à la fenêtre.

– C'est elle ! s'écrie Olympe, soulagée.

Elle se rue à l'extérieur et se jette dans les bras de sa tante.

– Enfin ! Que s'est-il passé ? Pourquoi tu ne nous as pas envoyé de SMS ? Est-ce que vous avez arrêté le voleur ? Avez-vous retrouvé les petits singes ?

– Oh, là ! souffle Florence. Laisse-moi cinq minutes pour me remettre et je vous raconte tout.

Membres d'honneur

Florence fait chauffer de l'eau dans la bouilloire et nous annonce :

– Je n'ai même pas faim. Les émotions m'ont coupé l'appétit, mais j'ai une soif féroce et j'ai besoin d'un thé chaud pour me réconforter.

– Te réconforter ? répète Olympe, inquiète. Ça ne s'est donc pas bien passé ?

Florence soupire. Nous la suivons dans la cuisine comme si elle allait se volatiliser sans nous avoir livré la fin de l'aventure. Enfin, la bouilloire siffle, elle verse l'eau bouillante dans la théière, y dépose une boule d'acier rempli de thé, attend que l'infusion soit à point, verse le liquide mordoré dans une grande tasse, et vient enfin s'asseoir dans le canapé, son breuvage à la main.

– Vous en voulez une tasse ? nous interroge-t-elle.

J'ai horreur du thé. Olympe accepte, sans doute pour se sentir plus proche de sa tante car c'est la première fois que je la vois boire du thé.

– Alors, raconte ! supplie-t-elle.

Florence avale avec délectation une gorgée du liquide bouillant.

– Excusez-moi, les enfants, mais les moments que je viens de vivre ont été éprouvants.

– Pourquoi ne pas nous avoir envoyé de SMS ? Nous étions très inquiets !

– Je n'ai pas pu… À peine arrivée sur zone, comme disent les gendarmes, j'ai cassé mon téléphone.

Florence, sa tasse tenue à deux mains, savoure son thé. On a vraiment l'impression que tout son organisme se détend après avoir été longtemps sous pression. Mais c'est chez nous que la pression monte.

– S'il te plaît, raconte-nous, on n'en peut plus ! supplie Olympe.

– Eh bien voilà. Deux heures avant l'horaire fixé pour le rendez-vous, quatre gendarmes dans un véhicule banalisé et moi dans ma voiture nous sommes arrivés sur l'aire d'autoroute convenue avec le vendeur. Il avait bien choisi. C'était une aire peu fréquentée et sans pompe à essence. Les gendarmes sont restés cachés dans leur véhicule, garé à l'écart. Moi, je me suis arrêtée au milieu du parking, prête à jouer mon rôle de l'acheteuse de ouistitis argentés.

– Tu n'avais pas peur ? demande Olympe.

– Je n'étais pas à l'aise, mais il fallait bien appâter notre voleur. Il était pile à l'heure. Il s'est garé, a regardé s'il n'y avait rien de louche dans le secteur, puis il est descendu de voiture. Je me suis approchée et je lui ai dit avec mon plus gracieux sourire : « C'est vous qui vendez deux ouistitis argentés ? » « Oui » m'a-t-il répondu toujours l'œil aux aguets.

– Oh, là, là, c'était chaud bouillant !

– Tu l'as dit, Tanguy, et je n'en menais pas large… Mais j'ai continué. « Je suis si impatiente de les voir, j'adore les singes. » Il a ouvert son coffre et, dans une minuscule cage, j'ai aperçu les deux primates.

– Super ! s'exclame Olympe. C'était donc bien lui !

– Je n'en étais pas encore certaine. Mais je ne pouvais pas sortir la douchette pour lire leur puce. Je devais donc le distraire afin de laisser le temps aux gendarmes de s'approcher. Il ne fallait pas qu'il remonte dans sa voiture et qu'il démarre en trombe. Alors, j'ai bêtifié : « Est-ce que je peux en prendre un dans les bras ? » « Vous avez l'argent ? » m'a-t-il demandé brusquement. « Bien sûr ! » Et j'ai sorti de mon sac la liasse de billets. Il a voulu s'en emparer.

J'ai reculé d'un pas en jouant toujours la nunuche : « Ce n'est pas que je n'ai pas confiance… mais les singes sont toujours dans votre coffre. » Il a grogné et a saisi la cage pour la poser sur le bitume. Aussitôt, les gendarmes ont couru vers lui. Pris de panique, il a lancé la cage dans son véhicule. Je lui ai agrippé le bras, il m'a violemment repoussée. Mon sac est tombé et mon portable s'est brisé, voilà pourquoi je n'ai pas pu vous prévenir.

Nous sommes suspendus à ses lèvres et je parviens à articuler :

– Le voleur a réussi à s'enfuir avec les singes ?

– Non. Les gendarmes ont pu le maîtriser et lui mettre les menottes.

– Et les ouistitis ?

– Dès que notre homme a été arrêté, je me suis approchée de la cage où les deux pauvres petites bêtes étaient complètement terrorisées. Avec mon lecteur, j'ai pu les identifier. Il s'agit bien de celles qui ont été volées au parc.

– Ouf ! Et les tamarins et les quatre autres ouistitis où sont-ils ?

– Il est trop tôt pour le savoir. L'homme est interrogé en ce moment même à la gendarmerie.

– Tu crois qu'on va tous les retrouver ? interroge Olympe.

– Je l'espère... Grâce à vous, tout a été très vite et le voleur ne les a sans doute pas vendus en si peu de temps. Mais si par malheur il s'agit d'un réseau bien organisé, chacun des membres devait avoir en charge la vente d'un ou deux singes, et il se pourrait que certains soient déjà à l'étranger.

– Oh, non, ce serait trop affreux, je m'exclame.

– Et comment vont les deux petits ouistitis qui étaient dans le coffre ? relance Olympe.

– Je les ai ramenés au parc. Ils ont retrouvé leur environnement. Ils sont déjà moins stressés et Simon s'occupe d'eux.

– Ah, tant mieux. J'ai hâte de les voir.

– Maintenant, au lit, les enfants ! Toutes ses émotions m'ont fatiguée.

Nous grognons pour la forme, mais je dois bien avouer que, comme Florence et sans doute comme Olympe, je suis épuisé.

– Bonne nuit, dis-je en étouffant un bâillement.

– Bonne nuit, Tanguy, me répond Olympe d'une voix ensommeillée. J'espère que demain, nous aurons de bonnes nouvelles.

Le lendemain, je suis le premier debout. Olympe ne tarde pas non plus et nous sommes obligés de secouer Florence pour la réveiller.

Lorsque nous arrivons au parc, une surprise nous attend. Le directeur et l'équipe des soigneurs nous font une haie d'honneur en nous applaudissant comme si nous étions des stars. Pour cacher mon trouble, j'éclate de rire, aussitôt suivi par Olympe et Florence. Le directeur nous fait un petit discours :

– Grâce à votre ingéniosité, les enfants, vous avez permis l'arrestation du voleur et deux de nos ouistitis argentés ont regagné leur loge sains et saufs.

Il s'approche de nous, épingle un insigne doré à l'emblème du parc sur notre tee-shirt et poursuit :

– Je vous nomme donc membre d'honneur de notre parc.

Les applaudissements crépitent. J'ai vraiment l'impression d'être un héros et c'est rudement agréable.

C'est au milieu de cette joyeuse agitation que deux véhicules de la gendarmerie pénètrent dans la cour. Le capitaine sort de l'un d'eux et annonce :

– Notre voleur a parlé. En fait, ils sont deux à se livrer à cet abominable trafic. Heureusement, ce ne sont pas des professionnels mais des débutants. Ils se sont inspirés des méfaits dont ils ont lu des récits dans les journaux. Ils prévoyaient de vendre les singes sur Internet et n'ont aucune filière à l'étranger. Les autres ouistitis et les tamarins sont enfermés dans la cave de leur immeuble. Si vous êtes d'accord, on peut aller les récupérer sur-le-champ.

Immédiatement, Simon et Alexandre montent dans une fourgonnette à l'effigie du parc.

– Vous voulez les accompagner ? nous propose le directeur.

– Oh, oui ! assurons-nous en chœur.

– Vous l'avez largement mérité et puisqu'il n'y a plus de danger à présent, vous serez les assistants de Simon.

Nous nous installons à l'arrière. La fourgonnette démarre à la suite de l'un des véhicules de la gendarmerie. Nous sommes tous les deux très excités et assez fiers. C'est la preuve que le directeur du parc et le capitaine de gendarmerie reconnaissent que notre action a été déterminante dans l'arrestation du voleur.

Une heure plus tard, nous sommes devant l'immeuble des voleurs. Une équipe de la gendarmerie est déjà sur place. Nous suivons Simon et Alexandre qui sont guidés dans les sous-sols jusqu'à une cave sombre et malodorante. Des cris plaintifs nous parviennent du fond du réduit.

Dans trois cages en plastique habituellement réservées au transport des chiens, j'aperçois le pelage des ouistitis argentés et ceux des tamarins lions dorés. Ils sont serrés comme des sardines.

– Oh, les pauvres ! se lamente Olympe.

– On va les mettre dans les cages individuelles que nous avons apportées. Avant, nous vérifierons qu'ils ne se sont pas blessés, car en étant entassés ainsi, ils ont pu se bagarrer et se mordre.

– Où est la maman tamarin ? interroge Olympe.

– Ici, indique Simon en la saisissant par le cou. Elle a l'air en bonne forme.

– Ah, tant mieux. Son petit l'attend avec tellement d'impatience.

Nous procédons au transfert des singes. Deux tamarins sont légèrement blessés. Les autres sont surtout apeurés et affamés.

– Tout rentrera dans l'ordre lorsqu'ils auront retrouvé leurs enclos et qu'ils seront nourris correctement, nous explique Simon.

Nous revenons au parc avec notre précieux butin. Heureux que cette sinistre aventure se termine bien, nous chantons à tue-tête dans la camionnette.

Table des matières

L'AUTEURE

Je suis née un 25 septembre. De quelle année ? Oh il y a longtemps que je ne compte plus. Quand on aime, on ne compte pas et j'aime la vie, alors les années qui passent quelle importance ! Et puis j'ai trouvé un truc pour ne pas vieillir. J'écris pour les enfants et ainsi, pour chaque roman, j'entre dans la peau de mon héros qui a toujours entre six et vingt ans !
J'ai publié plus de quatre-vingt-dix romans : des romans drôles, des romans sur la vie de tous les jours, des romans historiques, des romans d'aventures. Vous pourrez en voir la présentation sur mon site Internet :
http://a.desplatduc.free.fr.
J'ai écrit la série *Vétérinaire*… parce que j'adore les animaux. Tous. Même les araignées que j'évite toujours de tuer lorsqu'elles se promènent au plafond de ma chambre. Je rêve un jour d'avoir un petit âne… mais dans un appartement, il ne serait pas heureux. Pourtant, je n'aurais jamais pu devenir vétérinaire car je tombe dans les pommes dès que je vois une goutte de sang !

L'ILLUSTRATRICE

Claire Delvaux est née à Paris en 1978. Lyon est sa ville d'élection depuis ses études aux Beaux-Arts en 1996.
Elle a toujours adoré les bibliothèques. Petite, la lecture, l'écriture et le dessin étaient ses passions, et elle y est revenue après un parcours scientifique au lycée.
Aujourd'hui elle rêve, voyage et rit au gré des histoires pour enfants qu'elle illustre avec plaisir.

Retrouvez la collection

RAGEOT Romans

sur le site www.rageot.fr

RAGEOT s'engage pour l'environnement en réduisant l'empreinte carbone de ses livres. Celle de cet exemplaire est de :
450 g éq. CO_2
Rendez-vous sur www.rageot-durable.fr

PAPIER À BASE DE FIBRES CERTIFIÉES

Achevé d'imprimer en France en avril 2019
sur les presses de Jouve (Mayenne)
Dépôt légal : mai 2019
N° d'édition : 7301 - 01
N° d'impression : 2866229E